Conçu par
Magdalena DWORAK & Stéphane PARIS

Guide pratique
tests & exercices

Communication
dans le couple

Bienvenue dans ce Guide !

À propos de Code Amour

Chez Code Amour, nous croyons en l'amour et en la puissance des relations épanouissantes. En tant que fondateurs de cette société, nous partageons une histoire personnelle qui a façonné notre engagement envers les couples et les relations amoureuses. Après des expériences amoureuses qui ont inclus le mariage et le divorce, nous avons pris un chemin extraordinaire vers la découverte de l'amour véritable.

Notre parcours a été jalonné d'explorations dans le domaine des rencontres, du développement personnel et de la psychologie des relations. Ces expériences nous ont permis d'acquérir une compréhension profonde des défis auxquels sont confrontés les individus et les couples dans leur quête d'une relation épanouissante.

Avec Code Amour, notre mission est claire : aider les personnes à trouver le partenaire idéal et soutenir les couples dans leur voyage vers l'épanouissement conjugal. Notre approche repose sur des bases solides, notamment l'utilisation du modèle DISC de couple, qui offre un aperçu unique des dynamiques relationnelles.

Notre accompagnement est à la fois personnalisé et inspirant.

Nous travaillons main dans la main avec nos clients pour les aider à mieux se comprendre, à renforcer leur confiance en eux et à acquérir des compétences de communication efficaces. Que vous cherchiez l'amour ou que vous souhaitiez enrichir votre relation actuelle, nous sommes là pour vous guider à chaque étape du chemin.

Code Amour est bien plus qu'un simple service de coaching de couple. C'est une invitation à découvrir votre potentiel, à cultiver des relations saines et à créer des histoires d'amour durables. Notre passion réside dans votre bonheur, et nous sommes ravis de vous accompagner dans votre voyage vers une vie amoureuse épanouissante et enrichissante.

Ensemble, nous décodons les mystères de l'amour, nous élaborons des stratégies pour surmonter les défis relationnels et nous ouvrons la porte à des relations plus épanouissantes. Faites équipe avec Code Amour pour trouver votre bonheur conjugal et vivre une histoire d'amour qui dure.

Magdalena & Stéphane

_____

Pour les personnes en recherche de partenaire :

- _Définir les objectifs et les critères de recherche :_ nous voulons aider les célibataires à clarifier leurs objectifs en matière de relation et à définir les critères importants pour trouver leur partenaire idéal.

- _Développer la confiance en soi :_ nous désirons travailler sur la confiance en soi, l'estime de soi et la valorisation personnelle, car elle est essentiel pour aborder les rencontres avec assurance.

- _Conseils en rencontres et séduction :_ nous voulons accompagner les personnes sur la manière de rencontrer des personnes compatibles, d'aborder les rencontres, d'initier des conversations et de créer des connexions significatives.

- _Profil en ligne et stratégies de rencontres :_ nous souhaitons aide à créer des profils de rencontres en ligne convaincants et à élaborer des stratégies de rencontres efficaces.

- *Évaluation des partenaires potentiels :* nous désirons partager nos méthodes pour évaluer si un partenaire potentiel est compatible avec les objectifs et les valeurs du client.

- *Gestion des rendez-vous et des relations naissantes :* nous fournissons des conseils pour la planification de rendez-vous, la communication initiale, et l'établissement d'une base solide pour une relation.

Pour les personnes déjà en couple :

- *Amélioration de la communication :* nous travaillons sur l'amélioration de la communication entre les partenaires, favorisant une compréhension mutuelle, l'écoute active et l'expression ouverte des besoins et des désirs.

- *Résolution de conflits :* nous voulons accompagner les couples avec des techniques de résolution de conflits pour les aider à gérer les désaccords de manière constructive.

- *Renforcement de l'intimité et de la passion :* nous voulons travailler sur le maintien de l'intimité émotionnelle et physique, aidant les couples à raviver la passion et la connexion.

- *Développement personnel :* nous encourageons le développement individuel des partenaires, en les aidant à évoluer et à s'épanouir en tant qu'individus au sein de la relation.

- *Définition d'objectifs communs :* nous souhaitons aider à établir des objectifs et des valeurs communs pour que le couple puisse travailler ensemble vers un avenir harmonieux.

VISION

Chez Code Amour, nous croyons en une vision profonde et puissante, centrée sur la compréhension de soi et la découverte de l'autre. Notre vision s'articule autour du concept fondamental : "Mieux se connaître pour mieux connaître l'autre."

Nous croyons que le chemin vers des relations épanouissantes commence par une exploration approfondie de soi-même. Lorsque l'on comprend ses propres besoins, valeurs, préférences et désirs, on devient mieux préparé à établir des relations significatives et harmonieuses. Cette connaissance de soi est le socle sur lequel nous construisons notre vision.

En comprenant qui nous sommes réellement, nous devenons plus aptes à comprendre les autres. C'est en connaissant nos propres forces, faiblesses et motivations que nous sommes capables d'apprécier pleinement les caractéristiques uniques de notre partenaire. Cette empathie et cette compréhension mutuelle sont essentielles pour créer des relations qui prospèrent.

Notre vision s'étend également à la notion de croissance personnelle. Nous croyons que chaque individu a le potentiel de s'épanouir, de grandir et d'évoluer, tant en tant qu'individu qu'en tant que partenaire dans une relation. En encourageant le développement personnel, nous ouvrons la voie à des relations qui évoluent positivement avec le temps.

En résumé, la vision de Code Amour repose sur l'idée que pour bâtir des relations épanouissantes, il est essentiel de se plonger dans un voyage de découverte de soi. En développant une compréhension profonde de nos propres besoins et de ceux de notre partenaire, nous créons des bases solides pour des relations durables et satisfaisantes. Notre mission est d'accompagner nos clients sur ce chemin, de les aider à mieux se connaître pour mieux connaître l'autre, et de les guider vers des relations plus enrichissantes et épanouissantes.

VALEURS

Chez Code Amour, nous sommes portés par une conviction profonde : l'essence des relations épanouissantes réside dans un équilibre délicat entre la confiance, la positivité, la bienveillance, la disponibilité et la volonté d'accompagner vers le bonheur et l'amour.

La confiance est la pierre angulaire de notre travail, un engagement solide à respecter votre confiance et à offrir un accompagnement sincère, empreint de respect de votre intimité. Elle est le socle sur lequel nous bâtissons des relations authentiques, vous assurant que vous n'êtes jamais seul dans votre parcours vers le bonheur.

Notre positivité est l'énergie qui alimente votre voyage vers l'amour et l'épanouissement. Chaque défi est une opportunité, chaque obstacle est un tremplin vers la croissance. Notre optimisme constant vous insuffle l'espoir et vous encourage à entreprendre des changements positifs dans vos relations.

La bienveillance est au cœur de notre approche, car nous considérons chaque client avec respect, compassion et empathie. Nous écoutons attentivement vos préoccupations, partageons votre joie et guidons votre voyage avec tendresse, vous montrant que nous sommes à vos côtés à chaque étape de votre parcours.

La disponibilité est notre engagement à être toujours là pour vous, que vous ayez besoin de conseils, d'un épaule sur laquelle vous appuyer ou d'une oreille attentive pour écouter vos pensées. Vous pouvez compter sur notre présence continue, car nous sommes là pour vous soutenir.

Notre plus grande valeur est notre volonté déterminée de vous accompagner vers le bonheur et l'amour. Notre mission consiste à être votre guide de confiance sur le chemin des relations épanouissantes, à vous aider à mieux vous connaître, à mieux connaître l'autre, et à construire des relations remplies de confiance, de positivité, de bienveillance, de disponibilité et de bonheur.

Ces valeurs forment l'essence de Code Amour. Elles guident chacune de nos actions et inspirent notre travail au service de votre réussite. Nous sommes là pour vous aider à établir des relations durables, où vous pourrez mieux vous connaître, mieux connaître l'autre, et vivre des histoires d'amour comblées de bonheur.

Sommaire

1—Introduction

"Ce guide est conçu comme un guide destiné aux couples, et il ne vise pas à se substituer à une assistance thérapeutique ou médicale. Toutes les recommandations fournies dans ce guide reposent sur les meilleures connaissances des auteurs à l'époque de sa rédaction. Les auteurs ne fournissent aucune garantie et déclinent toute responsabilité, qu'elle soit directe ou indirecte, quant à l'utilisation de ces informations."

———————————

Une cause courante de blocage dans les couples réside dans les différences de besoins et d'attentes en matière de proximité émotionnelle.

Cela vous semble-t-il familier ? Peut-être que l'un d'entre vous recherche un type de connexion qui ne se concrétise jamais, tandis que l'autre ne comprend peut-être pas ce qui manque. Ou l'un des partenaires peut tout donner et avoir l'impression que cela passe inaperçu.

Les expériences de vie en matière de proximité émotionnelle varient considérablement, même dès les premiers stades de la vie. Bien qu'il n'y ait pas de manière "correcte" ou "incorrecte" d'être proche de quelqu'un, certaines compétences fondamentales peuvent aider les partenaires à mieux s'aligner pour favoriser, recevoir et encourager l'intimité émotionnelle.

Ce manuel est spécialement conçu pour les partenaires moins familiers avec la proximité émotionnelle.

En général, les problèmes au sein d'une relation découlent de la contribution des deux partenaires, plutôt que de la responsabilité exclusive de l'un d'entre eux.

Nous avons constaté que les partenaires qui se sentaient initialement mal à l'aise avec l'intimité émotionnelle pouvaient utiliser les compétences simples décrites dans ce livre pour découvrir la valeur et l'importance de la dimension émotionnelle dans leur relation.

Quant à ceux qui sont déjà familiers avec la proximité émotionnelle, ils peuvent perfectionner leurs compétences.

À mesure que vous vous familiariserez avec ces compétences spécifiques, vous découvrirez peut-être des moyens de travailler sur ce projet individuellement, mais aussi en tandem. Une cascade d'effets positifs pourrait en découler, améliorant ainsi votre satisfaction dans votre relation de couple. Idéalement, les deux partenaires mettront en pratique les enseignements de ce manuel.

Dans ce manuel, nous partageons les mesures immédiates que vous pouvez prendre pour améliorer vos compétences en matière de communication et d'écoute, compétences simples mais souvent négligées, qui sont susceptibles de sauver une relation de couple de plus en plus difficile.

L'absence de ces compétences de base peut mettre un terme à une relation, tout comme se noyer dans une petite mare, mais avec les actions appropriées, cela peut être évité.

Ces compétences ne sont pas difficiles à appliquer une fois que vous les maîtrisez. Nous prévoyons que vous serez agréablement surpris par les découvertes que vous ferez dans le monde enrichissant de la communication émotionnelle.

Reconnaissez-vous l'une de ces situations ou signaux de détresse dans votre propre relation ? Avez-vous entendu ces paroles de votre partenaire, ou les avez-vous vous-même exprimées ?

Voici les types de signaux de détresse généralement émis par un partenaire qui souhaite plus d'intimité émotionnelle et de connexion :

- "Tu ne m'écoutes pas quand je te parle de mes émotions. Tu sembles ignorer mes sentiments."
- "Tu ne partages jamais tes propres émotions, ce qui me fait me sentir déconnecté(e) de toi, dans l'obscurité quant à ce que tu ressens. J'ai l'impression que tu résous tes problèmes seul(e) ou que tu ignores complètement tes propres émotions."
- "Lorsque nous sommes en désaccord, tu ne sais pas comment communiquer de manière constructive."
- "Au lit, tu ne saisis pas mes signaux concernant ce qui fonctionne ou non pour moi."
- "Tu ne comprends pas que j'ai besoin de ressentir une connexion émotionnelle profonde pour avoir envie d'intimité sexuelle avec toi. Pour moi, la connexion émotionnelle est le préalable à toute intimité physique, mais tu sembles préférer l'inverse. Cela crée un dilemme insurmontable."
- "Tu prends des décisions qui nous affectent tous les deux sans me consulter."
- "Tu ne t'impliques pas suffisamment dans la vie quotidienne de notre famille, et je ne sens pas que nous travaillons en équipe. Nous sommes ensemble, mais séparés, et je me sens seul(e) dans tout cela."
- "Tu penses que tu as réponse à tout, et tu donnes des conseils même quand je ne te les demande pas."

Le partenaire qui fait face à ces critiques, et qui peut être moins à l'aise avec l'intimité émotionnelle, est souvent désemparé et peut réagir de l'une des manières suivantes. Cela vous semble-t-il familier ?

- "Je me sens responsable de ton bonheur, mais je ne sais pas comment y parvenir. Je ne vois pas comment je pourrais un jour comprendre ce que tu ressens."
- "Je me sens sous-estimé(e) ; je n'en fais jamais assez à tes yeux. Tu me critiques en permanence, même si je fais de mon mieux. Tu ne reconnais pas tout ce que j'apporte, tout ce que je règle, et tout ce que je te donne."
- "Tu ressasses les mêmes vieux problèmes dont nous avons déjà discuté à maintes reprises. J'ai expliqué et présenté mes excuses, mais tu refuses d'aller de l'avant."
- "Tu ne me désires pas assez souvent, et tu ne comprends pas à quel point j'ai besoin de sexe, pas seulement physiquement, mais aussi pour me sentir connecté(e) et désiré(e)."
- "Tu as perdu toute forme de romantisme à mon égard. Je suis déboussolé(e) et déçu(e)."
- "Les choses sont devenues sérieuses et conflictuelles. Nous n'avons plus autant de plaisir qu'auparavant, et je ne comprends pas ce qui s'est passé, ni pourquoi tu es si insatisfait(e)."
- "Je me sens lié(e) à toi simplement par le fait d'être à la maison ensemble, mais cela ne te suffit pas."
- "Les enfants, tes parents, voire même nos animaux de compagnie, semblent avoir plus d'importance pour toi que moi."
- "Tu me reproches de ne pas consacrer suffisamment de temps pour converser, mais comment pouvons-nous discuter lorsque les enfants demandent constamment notre attention, ou qu'il est tard, que je suis épuisé(e), et que je ne peux pas te donner toute mon attention ?"

Si l'un de ces dilemmes, peu importe lequel, est présent dans votre relation, ce manuel pratique est spécifiquement conçu pour vous.

Ne vous laissez pas tromper par sa taille, il renferme une mine de connaissances puissantes sur le fonctionnement des liens affectifs et de la communication émotionnelle, des connaissances qui peuvent être utilisées pour apporter des ajustements enrichissants à mi-chemin de votre relation de couple.

Lorsque vous serez prêt à mettre en pratique et à assimiler les compétences décrites dans ce manuel, nous vous suggérons de vous concentrer sur une compétence à la fois, de la maîtriser et de passer ensuite à la suivante à votre propre rythme. Chaque pas que vous ferez vous rapprochera de la bonne direction. Au début, l'application de ces nouvelles compétences peut sembler artificielle, mais avec une pratique régulière, elles deviendront naturelles. L'essentiel est d'investir les efforts nécessaires, sans chercher à changer fondamentalement qui vous êtes. Il s'agit d'acquérir des compétences supplémentaires.

À mesure que vous vous familiariserez avec ces compétences, vous commencerez à comprendre la logique émotionnelle sous-jacente au comportement et aux émotions de votre partenaire, et même aux vôtres. Le terme "logique émotionnelle" peut sembler paradoxal, mais vous découvrirez qu'il n'en est rien.

Notre système émotionnel est cohérent, basé sur une intelligence et une logique sous-jacentes. Comprendre cette logique vous permettra de démystifier les émotions et le comportement de votre partenaire, ainsi que les vôtres.

N'oubliez pas que ce manuel est conçu pour vous aider à développer des compétences supplémentaires, pas pour changer votre essence. À mesure que vous vous familiariserez avec ces compétences, vous commencerez à apprécier la logique profonde de la manière dont les individus agissent, ressentent et pensent. Bien que le terme "logique émotionnelle" puisse sembler contradictoire, vous découvrirez qu'il n'en est rien.

C'est un système émotionnel cohérent, basé sur une intelligence et une logique sous-jacentes. Lorsque vous commencerez à comprendre cette logique, les émotions et le comportement de votre partenaire cesseront d'être un mystère, tout comme les vôtres.

2–Les 36 questions pour trouver l'amour du Dr Aron

En 1997, Arthur Aron(1) démontrait que deux inconnus peuvent tomber amoureux en répondant à son questionnaire. Selon lui, l'une des clés pour développer une relation forte réside dans « l'autorévélation personnelle, soutenue, croissante et réciproque ». En clair, en se montrant vulnérable, on favorise la proximité. Pour reproduire ce processus de rencontre, le chercheur a établi une liste de 36 questions au degré d'intimité croissant.

(1) Professeur de psychologie américain (1945)

Bien que ces questions aient été initialement conçues pour favoriser la création d'une connexion entre des inconnus, elles peuvent également être utiles pour améliorer la communication au sein d'un couple établi. Voici quelques avantages de répondre à ces questions en tant que couple :

Approfondissement de la compréhension mutuelle : les questions abordent des sujets personnels, parfois profonds et vulnérables. En répondant à ces questions en couple, vous pouvez mieux comprendre les pensées, les sentiments et les expériences de votre partenaire, ce qui renforce la compréhension mutuelle.

Renforcement de la connexion émotionnelle : en partageant des expériences personnelles et en écoutant votre partenaire faire de même, vous renforcez la connexion émotionnelle entre vous. Cela peut créer un sentiment de proximité et de confiance.

Pratique de la communication ouverte : les questions encouragent une communication ouverte et honnête. Répondre aux questions de manière sincère et respectueuse peut servir d'exemple pour améliorer la communication dans d'autres aspects de votre relation.

Résolution de conflits : en répondant aux questions, il est possible de discuter de sujets délicats ou de divergences. Cela peut faciliter la résolution des conflits en favorisant une communication plus efficace.

Rafraîchissement de la relation : répondre aux questions peut insuffler une nouvelle vie à votre relation, en ravivant l'intérêt et l'excitation que vous ressentez l'un pour l'autre. Cela peut être particulièrement bénéfique si votre relation a stagné ou si vous vous sentez distants.

Rappel de l'amour et de l'appréciation mutuelle : les questions permettent de se rappeler pourquoi vous êtes tombés amoureux l'un de l'autre. Elles vous encouragent à exprimer de l'amour, de l'appréciation et de la gratitude envers votre partenaire.

En répondant à ces questions en tant que couple, vous pouvez créer un espace pour une communication plus authentique, renforcer votre connexion émotionnelle et approfondir votre relation. Cependant, il est essentiel de le faire de manière respectueuse et ouverte, en créant un environnement de confiance où chaque partenaire se sent à l'aise pour partager ses pensées et ses sentiments.L'objectif est d'avoir une heure devant soi et de répondre avec son/sa partenaire aux questions ci-dessous.

1. Si vous aviez la possibilité de choisir n'importe qui dans le monde, qui inviteriez-vous à dîner ?

2. Aimeriez-vous être célèbre ? De quelle manière ?

3. Avant de passer un appel téléphonique, répétez-vous parfois ce que vous allez dire ? Pourquoi ?

4. A quoi ressemblerait une journée "parfaite" pour vous ?

5. Quand avez-vous chanté pour vous-même pour la dernière fois ? Pour quelqu'un d'autre ?

6. Si vous pouviez vivre jusqu'à 90 ans et garder soit l'esprit soit le corps d'un trentenaire pour les 60 dernières années de votre vie, que choisiriez-vous ?

7. Avez-vous un pressentiment secret sur la façon dont vous allez mourir ?

8. Citez trois choses que vous et votre partenaire semblez avoir en commun.

9. De quoi vous sentez-vous le plus reconnaissant dans votre vie ?

10. Si vous pouviez changer quelque chose dans la façon dont vous avez été élevé, de quoi s'agirait-il ?

11. Prenez quatre minutes et racontez l'histoire de votre vie à votre partenaire, avec le plus de détails possibles.

12. Si vous pouviez vous réveiller demain en ayant acquis une qualité ou une compétence, laquelle serait-ce ?

13. Si une boule de cristal pouvait vous révéler la vérité sur vous, votre vie, le futur ou quoi que ce soit d'autre, que voudriez-vous savoir?

14. Y a-t-il une chose que vous rêvez de faire depuis longtemps ? Pourquoi ne l'avez-vous pas faite ?

15. Quel est le plus grand accomplissement de votre vie ?

16. Quelle est la chose la plus importante pour vous en amitié ?

17. Quel est votre plus beau souvenir ?

18. Quel est votre pire souvenir ?

19. Si vous saviez que vous alliez mourir soudainement dans un an, changeriez-vous quelque chose à votre façon de vivre ? Laquelle ? Pourquoi ?

20. Que signifie l'amitié pour vous ?

21. Quels rôles jouent l'amour et l'affection dans votre vie ?

22. Échangez alternativement avec votre partenaire quelque chose que vous considérez être chez lui une caractéristique positive. Partagez-en cinq au total.

23. Dans quelle mesure votre famille est-elle unie et chaleureuse ? Pensez-vous que votre enfance a été plus heureuse que celle de la plupart des gens ?

24. Que pensez-vous de votre relation avec votre mère ?

25. Énoncez chacun trois vérités commençant par le mot "nous". Par exemple, "Nous nous sentons bien tous les deux dans cette pièce…"

26. Complétez cette phrase : "J'aimerais avoir quelqu'un avec qui partager…"

27. Si vous deviez devenir un ami proche de votre partenaire, dites-lui ce qui serait important qu'il ou elle sache.

28. Dites à votre partenaire ce que vous aimez chez lui ou chez elle ; soyez très honnête cette fois, en disant des choses que vous ne diriez peut-être pas à une personne que vous venez de rencontrer.

29. Partagez avec votre partenaire un moment embarrassant de votre vie.

30. Quand avez-vous pleuré devant quelqu'un pour la dernière fois ? Et tout seul ?

31. Dites à votre partenaire une chose que vous appréciez déjà chez lui ou chez elle.

32. De quoi ne peut-on pas rire ?

33. Si vous deviez mourir ce soir sans la possibilité de communiquer avec qui que ce soit, que regretteriez-vous le plus de n'avoir pas dit à quelqu'un ? Pourquoi ne pas le lui avoir dit encore ?

34. Votre maison, contenant tout ce qui vous appartient, prend feu. Après avoir sauvé vos proches et vos animaux de compagnie, vous avez le temps d'aller récupérer en toute sécurité une seule chose. Laquelle serait-ce ? Pourquoi ?

35. Parmi tous les membres de votre famille, la mort de qui vous toucherait le plus ? Pourquoi ?

36. Partagez un problème personnel et demandez à votre partenaire comment il le gèrerait. Demandez également à votre partenaire de vous dire comment il pense que vous vous sentez par rapport à ce problème.

3–Les moments critiques et dysfonctionnels

S'interroger sur les 8 moments critiques et les 8 comportements dysfonctionnels peut avoir un impact profond sur la communication au sein d'un couple. Ces moments critiques et comportements dysfonctionnels sont des repères importants pour identifier les défis potentiels dans une relation et travailler à les surmonter.

Voici comment cette réflexion peut améliorer la communication dans un couple :

Prise de conscience : en reconnaissant ces moments et comportements, les partenaires deviennent conscients des domaines spécifiques qui posent problème dans leur communication. Cela marque le début d'une prise de conscience essentielle.

Communication ouverte : identifier ces moments critiques et comportements dysfonctionnels crée un espace pour discuter ouvertement de ces problèmes. Les partenaires peuvent exprimer leurs préoccupations sans jugement ni accusation.

Compréhension mutuelle : en explorant ces domaines de désaccord, les partenaires peuvent mieux comprendre les points de vue de l'autre. Cela favorise l'empathie et la compassion, renforçant ainsi la compréhension mutuelle.

Résolution de conflits : la prise de conscience des moments critiques permet aux couples de s'attaquer aux problèmes sous-jacents. Ils peuvent travailler ensemble pour résoudre les conflits de manière constructive, cherchant des solutions qui conviennent aux deux parties.

Amélioration de la communication : en se penchant sur les comportements dysfonctionnels, les partenaires peuvent apprendre à mieux communiquer. Ils peuvent identifier des schémas de communication non constructifs et chercher des moyens de les améliorer.

Renforcement de la confiance : en s'engageant dans une discussion honnête et en travaillant sur les problèmes de communication, les partenaires renforcent la confiance l'un envers l'autre. La communication ouverte et la résolution des conflits contribuent à créer un climat de confiance.

Création d'un environnement positif : en éliminant les comportements dysfonctionnels et en travaillant sur les moments critiques, les couples peuvent créer un environnement plus positif et sain pour leur relation. Cela favorise le bien-être émotionnel et le bonheur mutuel.

Renforcement de la relation : en abordant ces défis de manière constructive, les partenaires peuvent renforcer leur relation. Ils se rapprochent, se soutiennent mutuellement et construisent un amour plus solide et plus durable.

La réflexion sur les 8 moments critiques et les 8 comportements dysfonctionnels offre aux couples l'opportunité de travailler sur les aspects de leur communication qui peuvent nécessiter des améliorations. Cela permet d'approfondir leur connexion, de résoudre les conflits de manière plus efficace et de créer une base solide pour une relation épanouissante.

Il y a 8 moments critiques...

- **La désidéalisation de l'autre ou le test de la réalité.** Après les 3 premières années, la routine se met en place et tout ce qu'on ne voyait pas (ou ne voulait pas voir) apparait.

- **L'arrivée d'un enfant.** Le nouveau-né est un dictateur qui a besoin de deux esclaves. Dans l'année de l'arrivée d'un enfant, les taux des divorces et infidélités augmentent fortement. Il vaut mieux bien se préparer à l'arrivée du bébé en faisant, par exemple, des cours de préparation. Afin que le bébé puisse avoir une empreinte olfactive de son père, sinon celui-ci sera « senti » comme étranger, il faut demander au père s'il souhaite ou non assister à l'accouchement, le couple peut convenir par exemple du moment où le père sera là ou que le père pourra sortir à tout moment.

- **L'emménagement ou déménagement (construction du nid).** Lors d'un emménagement dans une nouvelle maison, le taux de divorce augmente dans l'année qui suit.

- **Le changement de carrière ou perte d'emploi.** Cela va influer sur le temps de travail, de transport, le temps passé à la maison ou le revenu du couple.

- **La crise de milieu de la vie (démon du midi).** Elle arrive quand l'un ou les deux partenaires ont besoin de se confirmer qu'ils sont encore désirables. On arrive au milieu de la vie et on a l'impression que c'est le début de la fin : c'est la déprime. Il faut donc changer la perception en se disant que c'est la fin du début : c'est une nouvelle ère. Il faut donner un nouveau sens à sa vie. Une étude a récemment montré que l'âge le plus heureux est 65 ans. Quand on n'a plus à s'occuper de la famille, des enfants, mais seulement de soi et son couple.

- **Le syndrome du nid vide.** Surtout pour ceux qui disent : « Je reste en famille pour les enfants. » Les autres pensent : « Enfin, on va avoir du temps libre pour se retrouver ! »

- **La maladie et la mort d'un être cher.** 85% des couples se séparent car l'un des deux guérit plus vite et il ne pardonne pas à l'autre d'oublier plus vite le décès d'un proche d'un enfant. Sans ce dernier cas, il faut avoir un espace pour partager avec d'autres parents car c'est une des pires souffrances pour un parent.

- **La mise à la retraite.** Si c'est en même temps et que le couple n'a pas préparé sa retraite ou n'a pas de projet alors ils s'interrogent : « Qu'allons-nous bien pouvoir faire ensemble toute la journée ? Si l'un part à la retraite avant l'autre, il va s'installer dans une vie qui sera dérangée par l'autre quand celui-ci la prendra enfin

...Et 8 comportements dysfonctionnels

- **Des flirts excessifs ou poussés.** Il est préférable dans les relations naissantes ou les relations dans lesquelles existe un engagement de ne pas s'impliquer émotionnellement ou énergétiquement avec d'autres personnes d'une manière qui mette mal à l'aise le partenaire. Voici ce qui pourrait être un critère. Si le partenaire informe l'autre de son flirt ou si l'on en est le témoin direct et que les deux sont à l'aise avec ce qui s'est passé, alors il n'y pas de problème. Dans le cas contraire, un ajustement est à envisager, en tout cas certaines motivations sont à élucider.

- **Des contacts de nature romantique avec une autre personne.** Pourquoi quelqu'un aurait-il des courriers, des e-mails ou des coups de fil de nature romantique alors qu'il est engagé dans une relation ? Et pourquoi l'autre devrait t-il tolérer cela ? Si ces communications persistent, c'est que le partenaire, qui les reçoit et les entretient, y trouve la satisfaction d'un besoin. À nouveau, il convient d'élucider les motivations, si cela est possible avec bonne volonté de part et d'autre, et puis d'envisager l'action juste qui respecte l'intégrité du partenaire et de ses besoins. Et peut-être d'explorer les besoins des deux si c'est d'actualité.

- **Une attention visuelle trop facilement et trop souvent captée par d'autres.** Lorsque ce phénomène prend des proportions qui sont une vraie fuite d'attention, alors c'est un problème.

Le partenaire doit avoir conscience, que ce n'est pas excessif ou vieux jeu si cela ne lui plaît pas. Il n'a pas à apprendre à tolérer cette attitude. Là encore, il convient d'élucider les motivations de ce comportement de l'autre à capter le regard d'autres femmes ou d'autres hommes.

- **L'infidélité et les aventures extraconjugales.** A moins d'avoir un accord clair, et qui fonctionne, de mariage ouvert avec le partenaire, il ne faut pas fermer les yeux sur l'infidélité. L'alcool, la solitude, la colère ne sont pas de bonnes raisons pour justifier l'ouverture sexuelle lorsqu'un engagement existe dans une relation.
  - 2 couples sur 3 divorcent après la découverte d'une infidélité.
  - Si l'un des conjoints annonce à l'autre une infidélité pour se repentir et redevenir fidèle alors c'est 43% de risque de divorce.
  - Si l'un des partenaires le découvre et qu'en plus l'autre ment. C'est 86% de taux de divorce.
  - Si l'un des partenaires est pris sur le fait : 81 %. Dans la moitié du tiers qui reste ensemble, le conjoint trompé le fera payer à l'autre.
  - Si le « fautif » se remet en question pour travailler le déséquilibre du couple et qu'il y a une meilleure communication alors il peut y avoir un retour de passion.

- **Le partenaire est déjà impliqué dans une relation.** Nous connaissons des gens qui choisissent d'entrer en relation avec quelqu'un qui est déjà impliqué dans une relation avec l'espoir que la relation cessera mais en fait cela se produit peu souvent. Si une personne est impliquée dans ce genre de relation, peut-être est-il temps de donner au partenaire un ultimatum. Fixer une date à laquelle celui-ci devra se déterminer clairement et choisir la relation qu'il veut investir. Il vaut mieux être ferme et raisonnablement patient. A moins que chacun y trouve son compte. Il y a pour certains des bénéfices secondaires à ce type de relation.

- **Le partenaire est excessivement en colère ou réactif.** Tout le monde connaît des frustrations et parfois le quotidien peut être très stressant. Mais si le partenaire est réactif ou colérique la majeure partie du temps, il n'est pas impossible que ce soit sa manière habituelle et naturelle de fonctionner. Il est important de savoir si vous souhaitez vivre dans ce climat énergétique bas sur une base constante.

"Je vous rappelle que ce guide est conçu comme un guide destiné aux couples, et il ne vise pas à se substituer à une assistance thérapeutique ou médicale. Si, l'un des partenaires ne se sent pas en accord avec les motivations de l'autre, il est important de se faire accompagner."

Exercice de réflexion sur les 8 moments critiques et les 8 comportements dysfonctionnels du couple :

1. Familiarisez-vous avec les 8 moments critiques et les 8 comportements dysfonctionnels : assurez-vous que vous comprenez chacun de ces moments et comportements tels qu'ils sont définis par John Gottman(2).

2. Auto-évaluation : individuellement, prenez du temps pour réfléchir à votre relation. Identifiez des moments critiques et des comportements dysfonctionnels qui peuvent s'être produits récemment dans votre couple. Soyez honnête avec vous-même.

3. Partagez vos réflexions : asseyez-vous ensemble et partagez vos réflexions sur les moments critiques et les comportements dysfonctionnels que vous avez identifiés. Soyez ouverts et respectueux dans la communication.

4. Identifiez les domaines de préoccupation : discutez des domaines spécifiques de votre relation qui nécessitent une attention particulière. Identifiez les moments critiques qui se sont produits et les comportements qui ont contribué aux problèmes.

5. Élaborez un plan d'action : travailler ensemble pour élaborer un plan d'action pour résoudre ces problèmes. Cela peut inclure des changements dans la communication, des compromis ou même la recherche d'une thérapie de couple si nécessaire.

(2) Professeur de psychologie américain

6. Établissez des objectifs : définissez des objectifs concrets pour améliorer votre relation en évitant les moments critiques et en remplaçant les comportements dysfonctionnels par des comportements plus sains.

7. Mettez en pratique : mettez en pratique ces changements dans votre relation. Soyez conscients des moments critiques qui se produisent et travaillez ensemble pour les aborder de manière plus constructive.

8. Faites un suivi : après avoir mis en place les changements, faites un suivi régulier pour évaluer la progression. Soyez ouverts à l'adaptation de votre plan si nécessaire.

Cet exercice vous permet de cibler les problèmes spécifiques dans votre relation en utilisant le modèle des 8 moments critiques et des 8 comportements dysfonctionnels de Gottman. Il vous donne un cadre pour améliorer votre communication et la santé globale de votre couple. Si vous avez des difficultés pour travailler sur ces problèmes par vous-mêmes, envisagez de consulter un thérapeute de couple pour obtenir un soutien supplémentaire.

4–Évaluer la satisfaction dans son couple

Cela encourage la communication ouverte, la résolution proactive des problèmes, la prévention de la stagnation, et le renforcement de la connexion émotionnelle. Cette démarche favorise la compréhension mutuelle, la confiance, et contribue à la création d'une relation durable, équilibrée et gratifiante. Elle permet aux partenaires de s'adapter aux changements et de travailler ensemble pour maintenir leur amour et leur bonheur.

TEST 1 :

Vous allez auto-évaluer votre degré de satisfaction à propos des vingt-cinq items ci-dessous, selon l'échelle suivante : 0. Très insatisfait 1. Peu satisfait 2. Satisfait 3. Assez satisfait 4. Très satisfait. Il suffit de double cliquer (dans le format word) sur le tableau pour faire apparaitre une feuille excel et indiquer dans chaque colonne, le chiffre correspondant à votre réponse, le tableau calculera automatiquement les résultats.

	Items	0	1	2	3	4
1	Notre confiance et respect réciproques					
2	Respect de mon territoire et de mes habitudes					
3	Sentiment d'admiration pour mon partenaire					
4	Sentiment que mon partenaire m'admire					
5	Sentiment de complicité avec mon partenaire					
6	Notre entente sur nos projets à court, moyen et long terme					
7	La communication verbale émotive					
8	La fréquence de nos rapports sexuels					
9	La qualité de nos rapports sexuels					
10	Nos moments de tendresse, hors sexualité					
11	Notre entente financière					
12	Le partage des tâches ménagères					
13	Mes liens avec la belle-famille					
14	Les activités de loisirs					
15	La vie au jour le jour					
16	La prise de décision					
17	La résolution de nos conflits					
18	La quantité de temps passé ensemble					
19	La qualité de temps passé ensemble					
20	L'éducation de nos enfants					
21	Le support obtenu lors de moments difficiles					
22	Les relations avec nos couples amis					
23	Nos périodes de vacances en couple ou seul, sans la famille					
24	Notre engagement réciproque et notre partage du pouvoir					
25	Mon sentiment de liberté dans mon couple					
	Total	0	0	0	0	0
	Total des 5 colonnes	**0**				

Le chiffre total obtenu correspond à votre taux de satisfaction conjugale en pourcentage. Plus celui-ci est élevé et plus vous vivez en couple depuis longtemps, plus vous êtes amoureux et heureux.

Interprétation synthétique des résultats :

- 76 à 100 % : Couple très heureux, surtout si vous approchez 100 %.
- 51 à 75 % : Couple heureux avec des hauts et des bas mais attention si vous approchez de 51 %.
- 25 à 50 % : Couple malheureux et qui risque de l'être de plus en plus si vous ne réagissez pas rapidement.

TEST 2 :

Effectuer votre bilan dans les 10 domaines de vie, vous permettra de concentrer votre énergie sur ce qui compte réellement pour vous, en dehors des pressions sociales ou des attentes de votre entourage.

Dans chacune des colonnes, choisissez une note sur 10 (0 = besoin pas du tout satisfait ; 10 = besoin complétement satisfait)

Domaine	Priorité	Ces dernières années	Aujourd'hui	Vos objectifs	Moyenne	Commentaires
Santé						
Finances						
Amour						
Famille						
Amis						
Loisirs						
Développement personnel						
Spirituel						
Carrière						
Cadre de vie						

Demandez à votre partenaire d'en faire de même et discutez des résultats obtenus. Vous aurez, ainsi, une vision des domaines importants pour chacun d'entre vous, aujourd'hui, dans le passé ainsi que dans le futur.

5–Bien connaître son partenaire

Cela favorise une communication plus efficace, renforce la connexion émotionnelle, permet de répondre aux besoins et aux attentes mutuelles, et contribue à la création d'une relation plus solide et durable. Cela aide également à anticiper les changements et les défis, tout en offrant un soutien mutuel plus authentique et profond. Une connaissance approfondie de son partenaire est la clé pour construire un amour durable et satisfaisant.

TEST 1 :

Pour savoir si vous connaissez vraiment votre partenaire, répondez aux 50 questions suivantes. Faites une photocopie de ce questionnaire et demandez à votre partenaire d'y répondre de son côté. Vous pourrez par la suite vérifier votre connaissance réciproque.

1. Quels sont tous les prénoms de baptême de votre partenaire ?

2. Savez-vous pourquoi on a attribué ce prénom à votre partenaire ?

3. Connaissez-vous la signification du prénom de votre partenaire ?

4. Quelle est sa date de naissance ?

5. Votre partenaire se sent-il / elle heureux d'avoir son âge ?

6. Quelle est sa ville natale ?

7. Connaissez-vous tous les prénoms de ses parents, frères et sœurs ?

8. La relation de votre partenaire est-elle bonne avec sa mère ? Son père? Ses sœurs ? Ses frères ?

9. Nommez les prénoms de ses trois meilleures ami(e)s

10. Depuis quand les connait-il /elle ?

11. Qu'aime-t-il surtout chez ces trois ami(e)s ?

12. Quel est son signe astrologique ?

13. Quel est son signe astrologique chinois ?

14. Quelle est sa fleur préférée ?

15. Quel type de roman préfère-t-il /elle ?

16. Votre partenaire aime-t-il(elle) les animaux ? Lesquels ?

17. Quel est son mets (plat) préféré ?

18. Quelles est sa boisson favorite ?

19. A-t-il /elle des spécificités alimentaires ?

20. Des allergies alimentaires ?

21. Quelle est la date de votre première rencontre ?

22. À quel endroit ?

23. Si vous vivez ensemble, quelle est la date de votre mariage ou du début de votre cohabitation ?

24. Quel est sa station de radio préférée ?

25. Quelle est son émission de télé préférée ?

26. Quelle est la valeur moralé la plus importante de votre partenaire ?

27. De quelle réalisation votre partenaire est-il le plus fier ?

28. Quel est le moment le plus heureux de la vie de votre partenaire ?

29. Quelle est la plus grande perte de votre partenaire ?

30. Quel est le moment le plus traumatisant de la vie de votre partenaire ?

31. Quelle est la personne que votre partenaire déteste le plus ?

32. Quel est le plus grand rêve de votre partenaire ?

33. Quelle est la plus grande peur de votre partenaire ?

34. Quelle est la caresse préférée de votre partenaire ?

35. Connaissez-vous les fantasmes de votre partenaire ?

36. Quel est le plus beau souvenir que votre partenaire entretient-il /elle de votre relation ?

37. Savez-vous combien de partenaires amoureux a eu votre partenaire ?

38. Votre partenaire a-t-il /elle déjà été trompé(e) ?

39. Votre partenaire a-t-il/elle déjà été infidèle ?

40. Quel est le loisir préféré de votre partenaire ?

41. Votre partenaire aime-t-il/ elle son travail ?

42. Quel nouvel emploi choisirait-il /elle ?

43. Quel est le sentiment de sécurité financière de votre partenaire ?

44. Qu'est-ce qui frustre le plus votre partenaire ?

45. Quelle est la réaction de votre partenaire aux frustrations ?

46. Quel est le principal « défaut » de votre partenaire ?

47. Savez-vous quel est le projet de retraite de votre partenaire (âge de départ, occupations) ?

48. Votre partenaire a-t-il /elle une « tare » héréditaire ?

49. Quelles sont les croyances religieuses de votre partenaire ?

50. Quelle est la plus grande priorité de votre partenaire en ce moment dans sa vie ?

Une fois que vous aurez répondu à toutes ces questions au sujet de votre partenaire, demandez-lui de confirmer ou d'infirmer vos réponses. Accordez-vous deux points par bonne réponse.

Votre score : _____ X 2 = _____ %.
Le score de votre partenaire : _____ X 2 = _____ %.

TEST 2 :

Nous vous offrons l'opportunité de faire un test de PNL qui vous aidera à identifier votre mode d'apprentissage et sensoriel préférentiel. Ce test de perception sensorielle est tiré du livre "La PNL" de Catherine Cudicio, publié par les Éditions d'Organisation.
Lisez chaque question et choisissez la réponse qui vous paraît être la plus proche de votre expérience.

En vous réveillant le matin, que remarquez-vous surtout ?
A) Le son de votre réveil
B) Vous cherchez à discerner la lueur du jour à travers les volets
C) La sensation de chaleur sous les couvertures qu'il va falloir bientôt quitter

Vous vous promenez sur une plage :
A) Vous remarquez le bruit des vagues et le chant des oiseaux de mer
B) L'odeur de l'air et la sensation de la brise chargée d'embruns
C) C- Vous admirez le paysage

Quand vous prenez le bus :
A) Vous regardez les gens autour de vous
B) Vous trouvez que les bus sont mal climatisés, il y fait toujours trop chaud ou trop froid
C) Vous écoutez les conversations autour de vous

Vous êtes entré dans une église ; ce qui vous frappe c'est :
A) L'odeur d'encens
B) La semi-obscurité dans laquelle vous discernez la lueur des cierges et les vitraux
C) Le silence

Vous vous trouvez dans une fête foraine :
A) Cela fait beaucoup de bruit
B) Les couleurs des manèges et des stands sont vives, éclatantes
C) Vous vous sentez bousculé et pressé par la foule des badauds

Au restaurant, outre la qualité de la cuisine, vous aimez :
A) Qu'il y ait une musique de fond
B) Que la salle soit bien décorée
C) Que les chaises soient confortables

Quand il pleut l'été à la campagne :
A) Vous appréciez l'odeur de la terre humide
B) Vous guettez l'arc-en-ciel
C) Vous écoutez tomber les gouttes

Vous prenez de l'essence à une station self-service :
A) Vous contrôlez attentivement les chiffres lumineux qui défilent au compteur
B) Le bruit du dispositif automatique vous renseigne quand le plein est fait
C) Cela fait du bien de prendre l'air, dommage qu'il y ait cette odeur d'essence !

Vous sortez dans un lieu où l'on danse :
A) Vous trouvez que la musique fait trop ou pas assez de bruit
B) Vous cherchez à observer la disposition de la salle, les éclairages, etc.
C) Vous savez tout de suite que l'ambiance est bonne

Vos voisins rentrent de vacances :
A) Leurs enfants ont une mine superbe
B) C'en est fini du silence, ils sont bien gentils mais qu'ils sont bruyants !
C) Cela vous fait plaisir pour eux

Vous vous trouvez dans une fête foraine :
A) Cela fait beaucoup de bruit
B) Les couleurs des manèges et des stands sont vives, éclatantes
C) Vous vous sentez bousculé et pressé par la foule des badauds

Vous êtes en voiture sur la route mais ce n'est pas vous qui conduisez :
A) Vous regardez le paysage
B) Vous vous occupez de mettre de la musique ou de chercher un programme radio qui vous convienne
C) Vous vous détendez

Vous prenez un bain :
A) Vous appréciez la chaleur de l'eau sur votre corps
B) Vous goûtez en paix un moment de silence ou vous en profitez pour écouter de la musique

C) Vous rêvez en regardant la mousse

Vous essayez un pull dans un magasin ; celui que vous achetez :
A) C'est le plus confortable et agréable au toucher
B) C'est celui qui vous va le mieux quand vous vous regardez dans la glace
C) C'est celui dont vous vous dites qu'il vous donnera satisfaction

Vous êtes chez des amis, et leur chat vient en miaulant se frotter à vos jambes :
A) Il a l'air si mignon que vous le prenez sur vos genoux
B) En l'entendant miauler, vous vous demandez ce qu'il veut
C) Sa fourrure est très douce, vous le caressez

Quand vous aurez répondu aux quinze questions, comptabilisez le nombre de réponses A, B et C. Découvrez quel est votre moyen de perception et d'apprentissage.

Perception auditive (maximum de A)

Vous vivez dans un univers de sons, vous appréciez ceux que vous rencontrez au son de leur voix ; quand vous parlez, vous faites attention aux mots que vous employez en cherchant ceux qui sonnent juste et qui correspondent bien à ce que vous voulez dire. Même si vous n'êtes pas musicien, vous appréciez la musique, il vous arrive souvent de fredonner.

Vous n'êtes pas physionomiste, mais vous reconnaissez facilement les gens au son de leur voix, au téléphone en particulier. Vous aimez bavarder et vous savez écouter, c'est la source principale de votre intuition et de votre compréhension. Vous devez cependant demeurer vigilant car votre dialogue intérieur ne demande qu'à prendre les commandes et cela peut parfois vous entraîner très loin du réel.

Perception visuelle (maximum de B)
Vous avez le sens de l'observation et de l'orientation, vous êtes physionomiste. Lorsque vous apprenez quelque chose, vous avez besoin de regarder pour comprendre et retenir.
Vous êtes imaginatif et créatif. Vous êtes sensible au décor qui vous entoure, ce qui peut aussi bien vous mettre parfois mal à l'aise. Vous avez tendance à vous faire une idée des autres du premier coup d'œil, ce qui ne joue pas toujours en votre faveur. Vous faites attention à votre image pour vous et pour les autres. Ceci peut aussi jouer contre vous si vous vous laissez prendre un peu trop facilement par les apparences. Vous devez essayer de tempérer votre rapidité de jugement au premier coup d'œil en la conformant à votre dialogue intérieur.

Perception kinesthésique qui se réfère à la manière dont nous ressentons les sensations physiques et les mouvements de notre propre corps ainsi que les sensations tactiles et physiques provenant de l'environnement (maximum de C)
Vous êtes sensible aux ambiances, savez être chaleureux et mettre les autres à l'aise. Vous êtes un bon vivant, ceux que vous rencontrez vous trouvent sympathique car vous savez comprendre les autres d'instinct.

Vous êtes plein de bon sens, parfois un peu "au ras des pâquerettes", et pour vous convaincre, il faut utiliser des arguments de poids, des preuves tangibles. Vous êtes fidèle en amitié et vos sentiments sont solides et stables, mais, incapable de tricher avec eux, si vous êtes déçu, c'est souvent définitif.

Vous vous bloquez facilement quand vous ressentez des impressions négatives, quand cela arrive, pour en sortir, il vous faut faire appel à votre perception visuelle et auditive afin de faire le point et d'adapter votre comportement.

La connaissance des canaux sensoriels d'apprentissage de chaque partenaire peut apporter d'importants avantages au couple. Chacun de nous a une manière unique d'assimiler et de traiter l'information, et cette compréhension peut renforcer la relation de plusieurs façons :

- Cela permet une communication plus efficace. En comprenant comment votre partenaire préfère apprendre (visuellement, auditivement, kinesthésiquement, etc.), vous pouvez adapter votre manière de transmettre des informations de manière à ce qu'elle soit mieux comprise et retenue. Cela réduit les malentendus et les frustrations.

- Cela favorise l'empathie et la compréhension mutuelle. Lorsque vous savez comment votre partenaire traite l'information, vous êtes plus enclin à être attentif à ses besoins et à ses préférences, renforçant ainsi la connexion émotionnelle.

- En utilisant ces connaissances pour planifier des activités ou des moments spéciaux en couple, vous pouvez créer des expériences plus enrichissantes. Par exemple, si vous savez que votre partenaire est un apprenant visuel, vous pourriez organiser une sortie culturelle ou artistique, tandis qu'un partenaire kinesthésique pourrait apprécier une activité physique ou pratique.

En somme, la découverte des canaux sensoriels d'apprentissage dans une relation de couple peut améliorer la communication, renforcer l'empathie, et enrichir les expériences partagées. Cela contribue à créer une relation plus harmonieuse et épanouissante, en prenant en compte les besoins individuels de chaque partenaire.

6–La connexion

La connexion dans un couple est la base de l'amour, de l'intimité, de la communication, et du soutien mutuel. Elle renforce la stabilité, la résilience, et la satisfaction relationnelle, tout en favorisant l'épanouissement personnel et la durabilité de l'amour. Une connexion profonde est essentielle pour construire une relation solide, épanouissante et durable. Elle est le ciment qui maintient la relation unie et épanouissante au fil du temps.

Voici pourquoi la connexion est si essentielle dans un couple :

Fondement de l'amour et de l'intimité : la connexion émotionnelle est le pilier de l'amour et de l'intimité dans une relation. Elle crée un espace où les partenaires se sentent en sécurité pour partager leurs émotions, leurs pensées et leurs vulnérabilités.

Communication efficace : une connexion forte favorise une communication ouverte et honnête. Les partenaires se sentent à l'aise pour exprimer leurs besoins, leurs préoccupations et leurs désirs, ce qui contribue à résoudre les conflits de manière constructive.

Soutien mutuel : lorsque la connexion est profonde, les partenaires sont plus enclins à se soutenir mutuellement dans les moments difficiles. Ils sont là l'un pour l'autre, offrant un soutien émotionnel et pratique.

Création de souvenirs significatifs : la connexion renforce la capacité à créer des souvenirs significatifs ensemble. Les expériences partagées renforcent les liens et donnent des souvenirs précieux à chérir.

Stabilité et résilience : les couples fortement connectés sont plus stables et résilients face aux défis. Ils ont tendance à mieux surmonter les épreuves et à rester engagés dans la relation.

Réduction des conflits : la connexion permet de mieux comprendre son partenaire, réduisant ainsi les malentendus et les conflits inutiles. Les partenaires sont plus enclins à pardonner et à résoudre les désaccords de manière constructive.

Satisfaction relationnelle : une connexion profonde contribue à une plus grande satisfaction relationnelle. Les partenaires se sentent aimés, appréciés et valorisés, ce qui renforce leur bonheur dans la relation.

Épanouissement personnel : une connexion forte peut favoriser l'épanouissement personnel. Les partenaires se sentent soutenus dans leurs objectifs personnels, ce qui les encourage à s'épanouir et à grandir en tant qu'individus.

Amour durable : les couples fortement connectés sont plus susceptibles de maintenir un amour durable et une relation à long terme. La connexion est ce qui nourrit l'amour au fil du temps.

En somme, la connexion dans un couple est un élément clé pour construire une relation solide, épanouissante et durable. Elle favorise l'amour, la compréhension, la communication, le soutien mutuel et la satisfaction, tout en contribuant à la résilience face aux défis. Une connexion profonde est le cœur même d'une relation heureuse et équilibrée.

Exercice 1 :

1. Choisissez un moment de calme : Trouvez un moment où vous n'êtes pas stressés ou distraits. Assurez-vous d'avoir 5 à 10 minutes à vous, dans un endroit silencieux.

2. Mettez vous debout, l'un face à l'autre

3. Fixez un minuteur ou une alarme pour 1 min30.

4. Regardez vous, sans dire un mot

5. Partagez votre ressenti, à tour de rôle

Cet exercice peut aider à rétablir la connexion dans un couple en créant un espace où les deux partenaires se découvrent ou redécouvrent. À la fois très simple mais pas si facile quand il s'agit de maintenir le regard de l'autre. Ne dit-on pas que l'œil est le reflet de l'âme.

Exercice 2 :

1. Choisissez un moment de calme : Trouvez un moment où vous n'êtes pas stressés ou distraits. Assurez-vous d'avoir 10 minutes à vous, dans un endroit silencieux.
2. Fixez un minuteur ou une alarme pour 5 min.

3. Prenez-vous dans les bras, sans dire un mot, de manière sérieuse et détendue

4. Partagez votre ressenti, à tour de rôle

L'exercice peut apporter au couple une intimité physique et émotionnelle accrue, réduire le stress, renforcer la connexion, améliorer la communication non verbale, et favoriser la confiance mutuelle. Il crée une pause dans la routine quotidienne et permet de se reconnecter de manière profonde et significative.

7–La perception

La perception dans un couple influence la façon dont les partenaires se comprennent mutuellement, se comportent l'un envers l'autre et vivent leur relation. Elle affecte la communication, les conflits, la satisfaction et le bien-être dans la relation. Une perception positive et respectueuse favorise une relation saine, tandis qu'une perception négative peut entraîner des conflits et des problèmes relationnels. C'est pourquoi il est essentiel d'être conscient de sa propre perception et de travailler sur une perception mutuelle respectueuse pour cultiver une relation heureuse et épanouissante.

Dans une relation de couple, même lorsque les deux partenaires ont de bonnes intentions, il est fréquent que des malentendus surviennent.

Cette situation découle du fait que chaque individu interprète les actions et les paroles de son partenaire en fonction de sa propre perspective intérieure.

Chacun de nous possède sa propre grille mentale d'analyse, ce qui signifie que les mots, les gestes et les attitudes peuvent revêtir des significations différentes de celles que notre partenaire envisageait.

Cet exercice a pour objectif de mettre en lumière ces divergences de compréhension entre les partenaires concernant un même concept. Par exemple, lorsque nous évoquons le terme "amour", nous lui attribuons des connotations très variées en fonction de notre expérience de vie et de notre sensibilité individuelle.

- Amour
- Couple
- Confiance
- Vacances
- Éducation
- Belle-famille
- Indépendance
- Responsabilité
- Argent
- Sexualité...

Première étape : votre perception

Chacun de votre côté, écrivez sur une feuille trois mots que vous associez intuitivement à :

- Amour
- Couple
- Confiance
- Vacances
- Éducation
- Belle-famille
- Indépendance
- Responsabilité
- Argent
- Sexualité...

Deuxième étape : échangez et approfondissez votre compréhension de l'univers intérieur de votre partenaire

Communiquez entre vous les mots que vous avez écrits. Prenez le temps d'interroger votre partenaire pour comprendre la signification qu'il donne à chaque concept.

Exercice inspiré de <u>Donnez du bonheur à votre couple</u> de Florence Peltier

8–L'écoute

Pourquoi est-ce si important ? Le noyau essentiel de la connexion émotionnelle réside dans le fait que lorsque vous écoutez votre partenaire, il ou elle sent que vous êtes pleinement attentif et que vous comprenez. Cela signifie que vous lui accordez une importance sincère. C'est un processus qui fonctionne dans les deux sens.

Chacun de vous, à sa manière et à différents degrés, a ce besoin fondamental d'attention et de compréhension de la part de son partenaire. C'est un besoin universel chez les êtres humains, celui d'être vu et entendu.

L'attention personnelle de qualité est la clé, le cœur, et l'âme de la connexion. Le sentiment de proximité et de connexion est une source majeure de sécurité, de confiance, de chaleur, de joie, d'enrichissement et d'intimité dans une relation.

Exercice 1 :

Imaginez un couple, Alice et Bob. Ils se sont mariés il y a quelques années et ont depuis eu des enfants. Au fil du temps, leur relation s'est tendue. Chacun d'entre eux a des préoccupations, des désirs et des frustrations, mais lorsqu'ils essaient de communiquer, ils ne se sentent pas écoutés. Par exemple, quand Alice essaie de partager ses soucis à propos de leur vie familiale, Bob peut la couper en disant qu'il a eu une journée difficile et qu'il n'a pas le temps d'écouter ses problèmes. De même, lorsque Bob essaie d'exprimer son stress au travail, Alice peut le distraire en parlant de ses propres soucis ou en le minimisant. Cela crée un cercle vicieux où ils se sentent ignorés et finissent par éviter les conversations importantes.

Un exercice pour rétablir l'écoute dans ce couple pourrait être le "Dialogue de l'écoute active". Voici comment cela fonctionne :

1. Choisissez un moment de calme : Trouvez un moment où vous n'êtes pas stressés ou distraits. Éteignez les téléphones et assurez-vous d'avoir suffisamment de temps pour la conversation.

2. Le locuteur et l'auditeur : L'un de vous commence en tant que locuteur, l'autre en tant qu'auditeur. Le locuteur partage un problème, une préoccupation ou un sentiment, en essayant d'être clair et honnête. L'auditeur écoute attentivement sans interrompre ni juger.

3. Écoute active : L'auditeur pratique l'écoute active en répétant les points principaux du locuteur pour montrer qu'il a compris. Par exemple, "Donc, si je comprends bien, tu te sens stressé au travail à cause de la pression constante."

4. Empathie : L'auditeur exprime de l'empathie en reconnaissant les émotions du locuteur. Par exemple, "Je peux voir à quel point cela doit être difficile pour toi."

5. Inversion des rôles : Une fois que le locuteur a terminé, inversez les rôles. L'autre partenaire devient le locuteur, et le processus se répète.

6. Évitez les conseils immédiats : Pendant cet exercice, évitez de donner des conseils immédiats. L'objectif est de se comprendre, pas de résoudre immédiatement les problèmes.

7. Prenez des pauses si nécessaire : Si la conversation devient émotionnelle, il est acceptable de faire une pause pour se calmer. Revenez-y plus tard si nécessaire.

Cet exercice peut aider à rétablir l'écoute dans un couple en créant un espace où les deux partenaires se sentent entendus et compris. Cela peut favoriser une communication plus ouverte et empathique, ce qui est essentiel pour résoudre les problèmes relationnels.

Exercice 2 :

L'exercice des 5 minutes de discussion attentive :
1. Choisissez un moment de la journée où vous êtes tous les deux disponibles et détendus.

2. Asseyez-vous face à face, de préférence sans distractions (éteignez les téléphones et la télévision).

3. Fixez un minuteur ou une alarme pour 5 minutes.

4. Pendant ces 5 minutes, l'un de vous parlera tandis que l'autre écoute attentivement, sans interrompre ni donner de conseils.

5. Le partenaire qui parle peut partager ses pensées, ses sentiments, ses préoccupations ou ses joies. L'objectif est d'exprimer ce qui se passe à l'intérieur de lui/elle.

6. L'auditeur doit se concentrer sur l'orateur, maintenir un contact visuel, et faire des signes de tête pour montrer qu'il/elle écoute. L'auditeur peut également utiliser des encouragements verbaux, tels que "Je comprends" ou "Je suis là pour toi".

7. Une fois que les 5 minutes sont écoulées, inversez les rôles. L'autre partenaire devient l'orateur, et l'exercice continue.

8. Après avoir échangé, prenez quelques minutes pour discuter de ce que vous avez ressenti pendant cet exercice. Comment vous êtes-vous sentis en tant qu'orateur ? En tant qu'auditeur ? Avez-vous ressenti une meilleure connexion ?

Cet exercice est un moyen simple mais puissant d'améliorer l'écoute au sein d'un couple. Il permet à chaque partenaire de s'exprimer et d'être entendu de manière attentive, renforçant ainsi la communication et la compréhension mutuelle. En consacrant régulièrement du temps à cet exercice, vous pouvez renforcer la confiance et l'intimité au sein de votre relation.

9–Apprendre à s'excuser

Apprendre à s'excuser dans le couple est essentiel pour maintenir des relations saines. Voici un exercice qui peut vous aider à pratiquer des excuses sincères :

L'exercice de l'excuse constructive :

1. Choisissez un moment calme : Sélectionnez un moment où vous et votre partenaire pouvez vous asseoir tranquillement et discuter.

2. Identifiez la situation : L'un de vous peut identifier une situation récente où il a commis une erreur ou s'est comporté d'une manière qui a blessé l'autre. Soyez précis dans la description de la situation.

3. Préparez vos excuses : Celui qui a commis l'erreur doit prendre un moment pour réfléchir à ce qu'il a fait et pourquoi cela a été problématique. Pensez à ce que vous ressentez à ce sujet et comment vous pensez que cela a affecté votre partenaire.

4. Présentez vos excuses : Lorsque vous êtes prêt, asseyez-vous avec votre partenaire et exprimez vos excuses de manière claire et sincère. Utilisez des phrases comme "Je suis désolé de..." ou "Je reconnais que j'ai eu tort en...". Admettez votre responsabilité dans la situation.

5. Écoutez la réponse : Après avoir présenté vos excuses, écoutez la réponse de votre partenaire. Ils pourraient exprimer comment cela les a affectés et comment ils se sentent à ce sujet. Soyez ouvert à leur réaction et ne les interrompez pas.

6. Acceptez la responsabilité : Si votre partenaire exprime de la colère, de la tristesse ou de la déception, ne minimisez pas leurs sentiments. Reconnaissez la validité de leurs émotions.

7. Discutez de la réparation : Après avoir présenté vos excuses et discuté de la situation, discutez de ce que vous pouvez faire pour réparer la situation ou éviter de répéter la même erreur à l'avenir. Soyez ouvert à la discussion et à la réflexion sur les solutions.

8. Pratiquez la patience : La réconciliation peut prendre du temps. Soyez patient et continuez à travailler sur l'amélioration de la communication et de la compréhension mutuelle.

Cet exercice vous permet de pratiquer des excuses sincères et de créer un espace où les deux partenaires peuvent s'exprimer ouvertement et se réconcilier. Apprendre à s'excuser de manière constructive renforce la confiance et renforce la relation.

10–Apprendre à mieux exprimer ses besoins

Dans une relation de couple, il est crucial d'apprendre à exprimer ses besoins pour prévenir la frustration. De plus, développer la capacité d'écoute envers son partenaire est une compétence précieuse. Cet exercice simple vise à vous aider à améliorer la manière dont vous communiquez vos besoins au sein de votre couple.

Ce qui vous rend heureux

Installez-vous ensemble dans un endroit au calme et confortable où vous ne serez pas dérangés.

Chacun de votre côté, réfléchissez aux cinq principaux centres d'intérêt, passions ou activités dont vous avez individuellement besoin dans votre vie pour être heureux.

Remarque importante : ces choix ne doivent pas inclure votre partenaire ou vos enfants. Il s'agit de centres d'intérêt personnels ou d'activités individuelles qui vous rendent heureux indépendamment de votre couple et de votre famille. Écrivez sur une feuille ces cinq points.

Communiquez ensuite entre vous vos listes. Chacun doit s'engager à tout d'abord écouter l'autre avec toute son attention et à ne pas l'interrompre. Puis prenez le temps d'en discuter à deux.

Il est important de prendre conscience que cette liste établie par chacun n'est pas négociable. En effet, vous ne pouvez pas négocier ce qui rend une personne heureuse. Cette première étape consiste en fait à apprendre, comprendre et respecter ce dont votre partenaire a besoin pour être heureux.

Vos besoins

Chacun de votre côté, réfléchissez à cinq choses que l'autre pourrait faire pour vous rendre heureux. Écrivez-les en les classant par ordre de priorité. Remarque importante : ces actions doivent être formulées de façon brève et directe et doivent porter sur une action concrète et non sur une pensée ou une intention.

Satisfaire les besoins de chacun

L'un de vous commence et exprime sa première demande. L'autre écoute sans répondre ni faire de commentaire. Ensuite, l'autre partenaire communique sa première demande et celui qui a commencé reste silencieux.

Une fois que vous avez, chacun, exprimé votre première demande, négociez un accord entre vous pour que ces deux besoins puissent être satisfaits. Prenez soin de ne jamais critiquer la demande de l'autre. Écoutez-vous de façon respectueuse et faites un effort pour parvenir à un accord mutuel.

Répétez ensuite cette étape pour chacune des quatre autres demandes.

Vous serez sans doute surpris de découvrir certains besoins chez votre partenaire dont vous n'aviez pas conscience.

Exercice inspiré The Normal Bar de Chrisanna Northru

11–Travailler votre capacité à coopérer et à s'influencer au sein de son couple

Dans une relation de couple, la capacité à trouver un équilibre est fondamentale pour maintenir une harmonie. L'objectif consiste à influencer mutuellement l'autre tout en préservant ce qui nous semble essentiel. Cet exercice vise à encourager une réflexion sur la manière dont vous communiquez au sein de votre couple en ce qui concerne un projet partagé.

Imaginez que vous faites une croisière en voilier et que soudainement vous faites naufrage sur une île déserte. Vous pouvez prendre avec vous dix objets, pas un de plus, pour débarquer sur cette île. Voici l'inventaire des objets présents sur le voilier :

- Deux changes de vêtements
- Un récepteur radio AM/FM et ondes courtes
- Dix litres d'eau
- Une grande casserole
- Des allumettes
- Une pelle
- Un sac à dos
- Une canne à pêche
- Du papier hygiénique
- Une tente
- Deux sacs de couchage
- Un couteau
- Un petit radeau de survie avec une voile
- De la crème solaire
- Un réchaud
- Une lampe-torche
- Une longue corde
- Deux walkie-talkie émetteur-récepteur
- Des aliments lyophilisés pour sept jours
- Des fusées de détresse
- Une boussole
- Une carte de la région
- Un fusil et six balles
- Une trousse de premiers soins
- Un téléphone portable
- Une scie

Faites chacun de votre côté la liste des dix objets que vous considérez les plus importants à emporter sur l'île déserte. Gardez en tête qu'il n'y a pas de « bonne » ou de « mauvaise » réponse.

Un projet commun

Montrez votre liste à votre partenaire et essayez ensuite d'établir ensemble une liste commune de dix articles. Échangez entre vous et essayez de travailler en équipe pour résoudre le problème ensemble.

Réfléchissez à votre mode de collaboration

Répondez chacun de votre côté aux questions suivantes :

Avez-vous su influencer votre partenaire ?

A) Pas du tout

B) Plus ou moins

C) Oui plutôt

D) Oui vraiment

Votre partenaire a-t-il su vous influencer ?

A) Pas du tout

B) Plus ou moins

C) Oui plutôt

D) Oui vraiment

Est-ce que l'un de vous a essayé d'imposer ses choix à l'autre ?

A) Oui beaucoup

B) Assez

C) Un peu

D) Pas du tout

Y a-t-il eu compétition entre vous ?

A) Oui beaucoup

B) Assez

C) Un peu

D) Pas du tout

Avez-vous eu l'impression de participer à parts égales ?

A) Pas du tout

B) Plus ou moins

C) Passablement

D) Tout à fait

Avez-vous boudé ? Vous êtes-vous retiré du jeu ?

A) Oui, souvent

B) Assez

C) Un peu

D) Pas du tout

Votre partenaire a-t-il boudé ? S'est-t-il retiré du jeu ?

A) Oui, souvent

B) Assez

C) Un peu

D) Pas du tout

Vous êtes-vous amusés ?

A) Pas du tout

B) Un peu

C) Assez

D) Beaucoup

Formez-vous une bonne équipe ?

A) Pas du tout

B) Un peu

C) Assez

D) Parfaitement

Avez-vous ressenti de l'irritation ou de la colère ?

A) Énormément

B) Passablement

C) Un peu

D) Pas du tout

Selon vous, votre partenaire a-t-il ressenti de l'irritation ou de la colère ?

A) Énormément

B) Passablement

C) Un peu

D) Pas du tout

Comptez 1 point pour chaque réponse en « A », 2 points pour « B », 3 pour « C » et 4 pour « D ». Additionnez vos deux scores. Si votre total atteint 50 ou plus, vous parvenez à accepter l'influence de l'autre et à travailler en équipe. S'il en est en dessous de 50, votre couple peut s'améliorer dans ce domaine.

Il est parfois difficile de changer des habitudes qui peuvent être ancrées depuis longtemps. Aussi si l'un de vous a du mal à accepter l'influence de l'autre, l'essentiel est de reconnaître le problème et d'en discuter ensemble. En effet, la prise de conscience de cette situation est la première étape pour trouver une nouvelle façon d'interagir dans le couple.

12-Qu'est ce qui rend le couple heureux ?

Selon Gary Chapman(3), il existe 5 langages de l'amour. D'après lui, nous avons tous un langage privilégié puis un ou deux autres langages. Rares sont les couples qui ont le même langage et pour être heureux, il vaut mieux être trilingue. Voici quels sont les 5 langages :

---

(3) Conseiller conjugal et pasteur baptiste américain (1938)

- **Les paroles valorisantes** avec des compliments sincères, des mots d'appréciation, d'encouragement, de sympathie et des excuses en cas de paroles dévalorisantes.

- **Des moments de qualité** avec des contacts visuels, des moments où on ne fait rien d'autre que d'être avec son partenaire. Etre à l'affut des sentiments de l'autre et observer son langage corporel. Ne pas interrompre le partenaire quand il parle, même s'il fait des silences.

- **Les cadeaux.** C'est un symbole universel d'amour et un symbole visible d'une preuve d'amour. C'est l'intention plus que la valeur du cadeau qui compte. La présence physique peut être le plus beau des cadeaux.

- **Les services rendus.** C'est par exemple un partage équitable des tâches. « Par amour, soyez les serviteurs les uns des autres. » Saint-Paul. L'amour est un don volontaire, gratuit et non contraint. Vous pouvez proposer au couple qu'un week-end sur deux, chacun propose les activités du week-end et l'autre les réalise avec enthousiasme.

- **Le toucher physique.** C'est le sens vital : on ne touche que ceux qu'on aime et aimer c'est faire l'amour. Faire l'amour c'est entrer en intimité avec l'autre ; Toucher son corps, c'est se toucher dans tout son être. On peut se toucher au moins 5 minutes par jour sans forcément que cela soit sexualisé.

Comment reconnaître son langage de l'amour ? En posant les questions suivantes :

- Dans ce que fait ou ne fait pas votre partenaire, qu'est-ce qui vous blesse le plus ?
- Que réclamez-vous le plus souvent à votre partenaire ?
- Comment exprimez-vous le plus souvent votre amour à votre conjoint ?
- Qu'est-ce qui vous a attiré au début de la relation chez votre partenaire ?
- De quoi se plaint votre partenaire ? Quel est le reproche qu'il vous fait le + souvent ?
- Que vous réclame-t-il le plus souvent ?
- Comment vous exprime-t-il le plus souvent son amour ?
- En quoi dit-il que vous avez changé ?

Un exercice sur les 5 langages de l'amour peut aider un couple à mieux comprendre les préférences affectives de chacun et à renforcer leur relation. Voici un exercice simple que vous pouvez faire ensemble :

L'exercice de découverte des langages de l'amour :

1. Identifiez vos langages de l'amour : tout d'abord, chacun de vous doit identifier son propre langage de l'amour parmi les cinq langages : les mots d'affirmation, le temps de qualité, les cadeaux, les actes de service et le toucher physique. Vous pouvez utiliser des ressources en ligne ou des livres sur le sujet pour vous aider à comprendre vos préférences.

2. Partagez vos résultats : une fois que vous avez identifié vos langages de l'amour, partagez-les avec votre partenaire. Expliquez pourquoi ces langages sont importants pour vous et comment ils se manifestent dans votre vie.

3. Discutez de vos besoins : discutez de la manière dont vous préférez recevoir de l'amour et comment vous exprimez votre amour envers votre partenaire. Par exemple, si l'un de vous a le langage de l'amour "actes de service", il peut expliquer qu'il se sent aimé lorsque des tâches sont accomplies pour lui, et il peut demander à son partenaire de lui montrer de l'amour de cette manière.

4. Planifiez des gestes d'amour : élaborez un plan pour mettre en pratique les langages de l'amour de chacun. Par exemple, si l'un de vous a le langage de l'amour "temps de qualité", prévoyez de passer un moment de qualité ensemble, sans distractions, régulièrement.

5. Faites un suivi : après avoir mis en pratique ces gestes d'amour, faites un suivi régulier pour évaluer comment vous vous sentez. Discutez de ce qui fonctionne bien et de ce qui peut être amélioré.

6. Soyez patients : comprenez que les langages de l'amour peuvent varier et évoluer avec le temps. Soyez patients les uns envers les autres et ajustez vos efforts pour répondre aux besoins changeants de votre partenaire.

Cet exercice vous permettra de mieux vous connaître mutuellement, d'exprimer votre amour de manière plus ciblée et de renforcer la connexion au sein de votre couple. Il vous aidera à créer une relation plus épanouissante en répondant aux besoins affectifs spécifiques de chacun.

13–Pour aller plus loin

Explorez de nouveaux horizons dans votre relation : développez votre communication avec Code Amour

Vous avez peut-être déjà pris les premiers pas vers une meilleure communication grâce à notre guide "Communication Efficace dans le Couple". Vous avez peut-être même commencé à utiliser notre jeu de cartes pour stimuler des conversations significatives. Mais il y a encore plus à découvrir !

Notre profil DISC de couple est un outil puissant pour comprendre vos styles de communication respectifs. Vous y trouverez des informations sur vos préférences en matière de communication, vos forces et vos domaines à améliorer. C'est une boussole qui vous guidera vers une communication plus harmonieuse.

Il est temps de plonger plus profondément dans votre relation. Utilisez notre guide pour approfondir votre compréhension mutuelle, notre jeu de cartes pour pimenter vos conversations, et notre profil DISC pour affiner vos compétences de communication. Ces outils sont conçus pour vous aider à créer une connexion plus profonde et plus significative avec votre partenaire.

N'attendez pas ! Chaque jour est une opportunité pour renforcer votre amour et votre communication. L'aventure de l'amour est continue, et nous sommes là pour vous guider à chaque étape. Alors, plongez dans ces ressources et découvrez tout ce que votre relation peut être.

Faire appel à un coach de couple :
L'art d'améliorer sa vie amoureuse

Faire appel à des coachs de couple tels que Magdalena Dworak et Stéphane Paris de Code Amour est essentiel pour les couples cherchant à améliorer leur relation. Leur expertise professionnelle, leur soutien en matière de communication, de résolution de conflits, et de croissance personnelle, ainsi que leur capacité à prévenir les problèmes futurs, contribuent à créer des relations plus épanouissantes et durables. Leur approche neutre et bienveillante offre aux couples un espace sûr pour résoudre les problèmes et renforcer leur connexion.

Voici quelques raisons plus détaillées qui peuvent vous donner envie de faire appel à un coach de couple :

Clarification des objectifs amoureux : un coach de couple peut vous aider à définir vos objectifs et vos attentes dans une relation. Que vous cherchiez à trouver un partenaire de vie, à améliorer une relation existante ou à surmonter des problèmes relationnels, un coach vous aidera à fixer des objectifs clairs et réalistes.

Amélioration de la confiance en soi : les problèmes de confiance en soi sont souvent à l'origine de difficultés dans les relations. Un coach peut vous aider à développer une plus grande confiance en vous, ce qui vous permettra d'aborder les rencontres et les relations avec assurance.

Développement de compétences relationnelles : les compétences relationnelles sont essentielles pour établir des connexions significatives. Un coach peut vous apprendre à communiquer de manière plus efficace, à résoudre les conflits et à établir des limites saines.

Compréhension de soi : la connaissance de soi est la clé pour trouver des relations épanouissantes. Un coach vous aidera à explorer vos besoins, vos valeurs, et vos comportements, ce qui vous permettra de mieux comprendre ce que vous recherchez dans une relation

Surmontement des obstacles : chacun rencontre des défis dans sa vie amoureuse, que ce soit des ruptures douloureuses, des schémas relationnels destructeurs ou des obstacles personnels. Un coach peut vous aider à surmonter ces obstacles et à avancer vers des relations plus saines.

Prise de décision éclairée : parfois, il peut être difficile de prendre des décisions importantes en matière de relations. Un coach peut vous fournir des conseils impartiaux et vous aider à prendre des décisions éclairées sur votre vie amoureuse.

Soutien émotionnel : les relations peuvent être émotionnellement éprouvantes. Un coach peut fournir un soutien émotionnel et une oreille attentive pour vous aider à faire face aux hauts et aux bas des relations.

Maximisation des chances de succès : en travaillant avec un coach, vous augmentez vos chances de trouver une relation épanouissante et durable. Le coach peut vous aider à éviter les erreurs courantes et à adopter des stratégies plus efficaces.

En résumé, faire appel à un coach de couple peut être un investissement précieux dans votre vie amoureuse. Que vous soyez à la recherche de l'amour, que vous souhaitiez améliorer une relation existante, ou que vous ayez des problèmes relationnels à résoudre, un coach peut vous fournir les outils, les compétences et le soutien nécessaires pour créer des relations plus satisfaisantes et épanouissantes.

Alors, pourquoi ne pas explorer cette opportunité pour améliorer votre bonheur et votre épanouissement dans le domaine de l'amour ?

JEU DE CARTES DE COUPLE

Découvrez le Jeu de Cartes qui va transformer votre relation et améliorer la communication de votre couple !

Cher couple, avez-vous déjà rêvé de renforcer votre connexion, de raviver la flamme de votre amour, et de partager des moments de complicité inoubliables ? Alors, notre jeu de carte de couple est fait pour vous !

Imaginez des soirées chaleureuses, des conversations profondes et des rires partagés, tout en renforçant votre lien avec votre partenaire. Avec ce jeu de cartes, chaque carte représente une opportunité d'explorer de nouveaux horizons dans votre relation. Vous découvrirez des questions et des défis conçus pour stimuler des discussions significatives, révéler de nouvelles facettes de votre partenaire, et renforcer votre intimité.

Communiquez comme jamais auparavant : les cartes sont conçues pour faciliter une communication ouverte et authentique. Vous apprendrez à exprimer vos émotions, à comprendre les besoins de votre partenaire, et à résoudre les problèmes de manière constructive.

Renforcez votre connexion émotionnelle : ces cartes vous guideront pour explorer vos sentiments, vos rêves, et vos souvenirs communs. Vous créerez des moments de connexion profonde et des souvenirs précieux.

Renforcez votre connexion émotionnelle : ces cartes vous guideront pour explorer vos sentiments, vos rêves, et vos souvenirs communs. Vous créerez des moments de connexion profonde et des souvenirs précieux.

Pimentez votre vie amoureuse : certaines cartes vous défieront à relever des défis amusants et romantiques. Vous découvrirez de nouvelles façons de célébrer votre amour et de raviver la passion.

Faites de chaque jour une aventure : notre jeu de carte de couple est conçu pour s'adapter à votre quotidien. Vous pourrez jouer n'importe où, que ce soit à la maison ou lors d'une escapade romantique.

N'attendez pas que la routine s'installe ou que les problèmes s'accumulent. Offrez-vous et à votre partenaire le cadeau de la connexion, de l'amour, et de la communication. Notre jeu de carte de couple est un investissement dans votre relation, une invitation à l'aventure et à l'amour durable.

Achetez-le dès aujourd'hui et commencez votre voyage vers une relation plus solide et plus épanouissante !

Ce jeu de cartes est un support créatif pour toute personne qui a le projet de (re) former un couple harmonieux. Sur la base du jeu d'Action ou Vérité.

Découvrez tous nos autres jeux...

LE PROFIL DISC DE COUPLE
EST-IL FAIT POUR VOUS ?

Découvrez le secret de la communication harmonieuse dans votre relation ! Vous avez toujours rêvé d'une relation épanouissante, où la communication est fluide, et où les malentendus se font rares ? Notre guide "Communication Efficace dans le Couple" a été conçu pour vous aider à atteindre cet objectif.

Dans toute relation, la communication est la clé. Mais ce n'est pas seulement ce que vous dites, c'est comment vous le dites et comment votre partenaire le perçoit qui fait la différence. Pour comprendre ces dynamiques subtiles et renforcer votre relation, il est temps de plonger dans le monde fascinant du modèle DISC.

Le modèle DISC, basé sur les quatre styles de comportement : Dominance, Influence, Stabilité et Conformité, est une puissante méthode pour mieux vous comprendre et comprendre votre partenaire. Notre guide vous emmène dans un voyage de découverte de soi et de l'autre, vous donnant des clés pour une communication plus efficace, des conflits moins fréquents et des moments de complicité plus profonds.

Mais ce n'est pas tout ! Nous vous proposons également des profils DISC individuels et de couple pour aller encore plus loin dans votre démarche. Ces profils personnalisés vous fourniront des informations précieuses sur vos préférences de communication, vos forces, vos zones de développement, ainsi que des recommandations spécifiques pour améliorer votre relation.

Imaginez pouvoir anticiper les besoins de votre partenaire, comprendre pourquoi certains sujets sont plus sensibles que d'autres, et trouver des solutions à des problèmes qui semblaient insolubles. C'est possible grâce au modèle DISC et à notre guide.

Pourquoi attendre ? Investissez dans votre relation aujourd'hui et découvrez comment la communication efficace peut transformer votre vie amoureuse. Votre bonheur conjugal est à portée de main, et notre guide et nos profils DISC sont les outils dont vous avez besoin pour y arriver.

Ne laissez pas la communication défaillante entraver votre bonheur. Optez pour la communication efficace, optez pour l'amour durable. Téléchargez notre guide et offrez-vous un profil individuel et/ou de couple DISC dès maintenant.

La première étape vers une relation plus épanouissante commence ici. Ne laissez pas cette opportunité vous échapper.

Bibliographie

"Les Cinq Langages de l'Amour" de Gary Chapman : ce livre explore comment les individus expriment et reçoivent l'amour à travers cinq langages différents : les mots d'affirmation, les actes de service, le temps de qualité, les cadeaux et le toucher physique. L'auteur met en lumière l'importance de comprendre le langage de l'amour de son partenaire pour renforcer les relations, améliorer la communication, et créer des liens plus profonds. Chapman propose des conseils pratiques pour identifier et satisfaire les besoins émotionnels de son partenaire en utilisant son langage de l'amour préféré. Le livre vise à aider les couples à cultiver des relations plus satisfaisantes et à créer une meilleure compréhension mutuelle.

"Qui sont ces couples heureux ?" de Yvon Dallaire : ce livre explore les clés du bonheur conjugal en mettant en lumière les comportements, les attitudes et les stratégies qui contribuent à des relations de couple satisfaisantes. L'auteur se penche sur des aspects tels que la communication efficace, la résolution de conflits, l'amour, l'intimité, le respect mutuel, la confiance, la gestion du stress, les attentes réalistes, et la croissance personnelle. Ce livre vise à offrir des conseils pratiques pour aider les couples à créer et à maintenir des relations heureuses et épanouissantes.

"Les Couples Heureux Ont Leurs Secrets" de John Gottman et Nan Siler : ce livre explore les éléments essentiels des relations heureuses en se basant sur des recherches en psychologie conjugale. Il met en avant les principes fondamentaux, dont la confiance, la communication efficace, la gestion des conflits et la compréhension émotionnelle.

Les auteurs identifient les comportements négatifs à éviter, les "Quatre Cavaliers de l'Apocalypse", et proposent des stratégies pour une communication positive et une gestion saine des conflits. Le livre encourage également la célébration et les expressions d'affection pour renforcer les relations. Il vise à aider les couples à comprendre les secrets des relations heureuses et à les appliquer dans leur propre vie pour construire des relations épanouissantes et durables.

"La Danse du Couple" de Serge Hefez : ce livre utilise la métaphore de la danse pour illustrer les interactions complexes et les dynamiques relationnelles dans les couples. Le livre explore les différences de genre, la communication, la compréhension mutuelle, la gestion des conflits, les étapes de la relation, l'évolution des relations, les rôles et les attentes sociales. L'objectif est d'aider les couples à mieux comprendre leur propre danse relationnelle et à renforcer leur connexion.

"Hector et les Secrets de l'Amour" de François Lelord : ce roman explore les mystères de l'amour et des relations amoureuses à travers l'histoire d'Hector. Le livre aborde la complexité des relations, les différents types d'amour, la recherche du bonheur et les leçons de vie qui en découlent. Il offre une réflexion sur l'importance de l'amour dans nos vies et sur la manière dont il peut influencer notre bonheur et notre épanouissement.

...

Découvrez, également, tous nos guides...

Vidéos

Conférences TEDx en français : de nombreuses conférences TEDx en France abordent des sujets liés aux relations, à la communication et à la psychologie. Vous pouvez explorer la bibliothèque TEDx pour trouver des conférences pertinentes.

Les conférences de Christophe André : le psychiatre et psychothérapeute Christophe André a donné de nombreuses conférences sur la psychologie, la méditation et les relations. Ses interventions portent sur la gestion des émotions et la communication.

Les vidéos de Jacques Salomé : le psychosociologue Jacques Salomé est l'auteur de nombreux ouvrages sur les relations et la communication. Il propose des vidéos éducatives sur ces thèmes.
...

Ces livres, vidéos, ressources en ligne sont d'excellents moyens d'approfondir votre compréhension de l'intimité émotionnelle et d'acquérir des compétences pour renforcer votre relation. N'hésitez pas à explorer ces ressources pour trouver celles qui correspondent le mieux à vos besoins et à ceux de votre partenaire.

Positivité
+
Ouverture
=

avec un peu de chance, un peu de travail sur soi, bienveillance, une dose d'humour...

Printed in Great Britain
by Amazon

31735980R00056